19 Novembre 1907

marqué P99N

TABLEAUX

MODERNES

Pastels, Aquarelles, Dessins

BRONZE DE BARYE

[illegible]

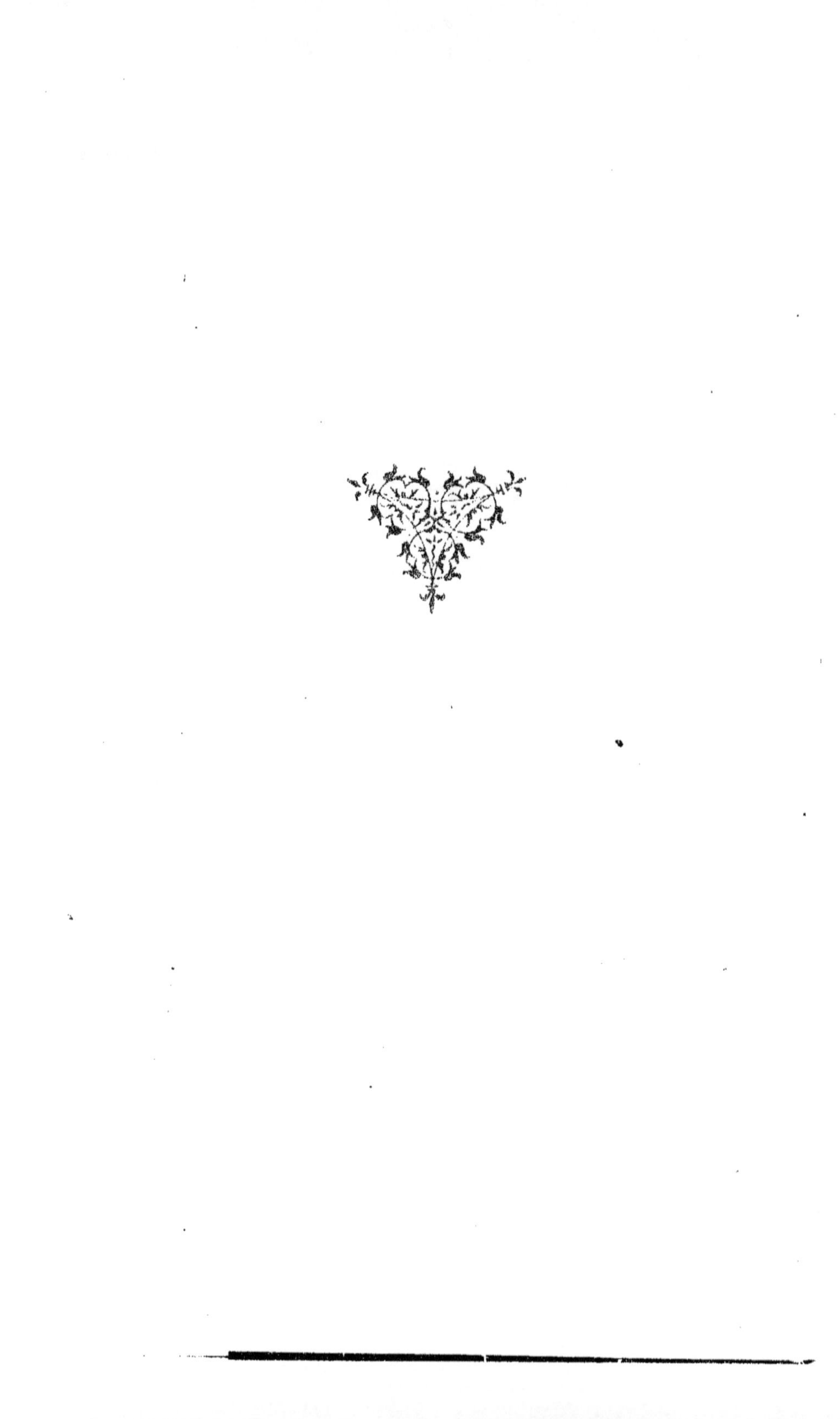

CATALOGUE

DES

Tableaux Modernes

PAR

ABBEMA (L.), BOGGS, BONHEUR (ROSA), BOUDIN (E.)
BROWN (J.-L.), DAMERON, DAUBIGNY (K.)
DELACROIX, DIAZ (N.), FRANÇAIS (L.), GUILLEMET
HARPIGNIES, HUGUET, JACQUE (CH.), LEBOURG, LELEUX, LÉPINE
MONTENARD, NOTERMAN, OSBERT, PEZANT, RIESENER
ROCHEGROSSE, ROYBET
TEN CATE, THAULOW (F.), THORNLEY, TROUILLEBERT
VAN BEERS, VEYRASSAT, DE VUILLEFROY, ETC.

AQUARELLES, PASTELS, DESSINS

PAR

BARON, BERCHÈRE, DAUBIGNY, DELACROIX
HARPIGNIES, HENNER, ISABEY (J.-B.), LEMAIRE (MAD.), LHERMITTE
LOIR (LUIGI), DE NEUVILLE, PENNE (DE), RAFFAELLI
ROLL, ETC.

BRONZE DE BARYE

Dont la vente, aux enchères publiques, aura lieu

HOTEL DROUOT, SALLE N° 11

Le Mardi 19 Novembre 1907

à deux heures

COMMISSAIRE-PRISEUR	EXPERT
Me F. LAIR-DUBREUIL	**M. GEORGES PETIT**
6, rue Favart, 6	8, rue de Sèze, 8

EXPOSITION PUBLIQUE

Le Lundi 18 Novembre 1907, de 2 heures à 6 heures

CONDITIONS DE LA VENTE

Elle sera faite au comptant.

Les Adjudicataires paieront *dix pour cent* en sus des enchères.

Paris. — Imprimerie Georges Petit. — 18234-07.

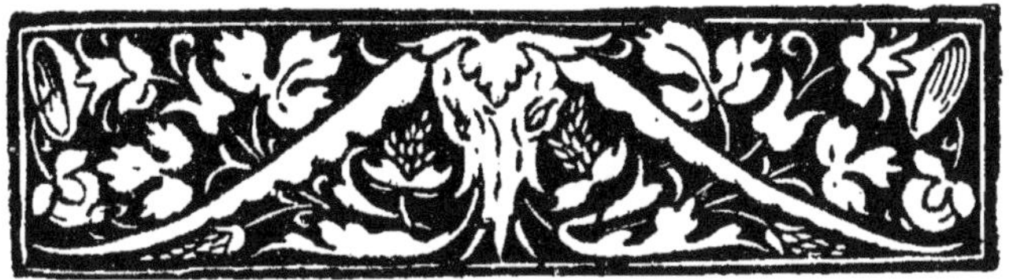

TABLEAUX MODERNES

ALBERT (Adolphe)

1 — *Music-Hall.*

Signé à droite, en bas, et daté : *92*.

Toile. Haut., 1 mètre ; larg., 77 cent.

ABBEMA (Louise)

2 — *Six panneaux décoratifs : natures mortes de fruits, légumes, desserts, etc.*

L'un d'eux, signé en bas, au milieu, et daté : *1877*.

Toile. Haut., 64 cent.; larg., 1 m. 04.

BENOIT

3 — *Rue de village.*

Signé à droite, en bas.

Toile. Haut., 31 cent. ; larg., 21 cent.

BOGGS

4 — *Bâteaux de pêche dans un port.*

Signé à gauche, en bas.

Toile. Haut., 45 cent. ; larg., 65 cent.

BONHEUR (Rosa)

5 — *Béliers noirs.*

Signé à droite, en bas.
Cachet de la vente au dos.

Toile. Haut., 32 cent.; larg., 40 cent.

BOUDIN (Eugène)

6 — *La Toucques à marée haute.*

Signé à droite, en bas, et daté : *79*.

Toile. Haut., 36 cent.; larg., 58 cent.

BOUDIN (Eugène)

7 — *L'Entrée du port de Trouville.*

Signé à gauche, en bas : *E. Boudin.*

Panneau. Haut., 25 cent ; larg., 19 cent.

BOUDIN (Eugène)

8 — *Bassin du port, à Dieppe.*

Signé à gauche, en bas, et daté : *1888*.
Cachet au dos.

Panneau. Haut., 38 cent.; larg., 46 cent.

BROWN (John-Lewis)

9 — *Officier d'état-major en observation.*

Signé à gauche, en bas.

Panneau. Haut., 26 cent.; larg., 22 cent.

CHABAS (Marcel)

10 — *Nymphe dans les rochers.*

Signé à gauche, en bas, et daté : *1895.*

Toile. Haut., 33 cent. ; larg., 41 cent.

DAMERON

11 — *Le Petit manoir.*

Signé à gauche, en bas.

Panneau. Haut., 21 cent. ; larg., 32 cent.

DAUBIGNY (Karl)

12 — *Village au bord d'une rivière.*

Signé à gauche, en bas, et daté : *1885.*

Panneau. Haut., 29 cent. ; larg., 56 cent.

DE DREUX (Attribué à Alfred)

13 — *Valet de pied promenant deux chevaux.*

Toile. Haut., 73 cent.; larg., 91 cent.

DELACROIX (Eugène)

14 — *Lion et sa lionne.*

Étude.

Signé à droite, en bas, du cachet de la vente.

Panneau. Haut., 27 cent.; larg., 41 cent.

DIAZ DE LA PENA (N.)

15 — *Déesse aux amours.*

Assise au centre du tableau, vêtue seulement d'une jupe bleue et retenant de la main gauche, sur sa poitrine, sa chemise blanche qui laisse à découvert les épaules, les bras et les seins, la déesse aux cheveux blonds penche la tête dans une attitude mélancolique. Trois amours nus l'entourent avec sollicitude. L'un d'eux, à ses pieds, joue avec un chien.

Signé à droite, en bas.

Toile. Haut., 40 cent. ; larg., 31 cent.

DUPRAY

16 — *Charge de chasseurs d'Afrique.*

Signé à gauche, en bas.

Toile. Haut., 55 cent. ; larg., 45 cent.

FRANÇAIS (L.)

17 — *La Saulaie.*

Signé à gauche, en bas.

Toile. Haut., 25 cent.; larg., 33 cent.

GARDANNE

18 — *Officiers de cuirassiers.*

Signé à gauche, en bas.

Panneau. Haut., 30 cent. ; larg., 22 cent.

GUILLEMET

19 — *La Baie.*

Signé à gauche, en bas.

Toile. Haut., 35 cent. ; larg., 43 cent.

GUILLEMET

20 — *Le Fort de la Hougue (Manche).*

Signé à gauche, en bas.

Toile. Haut., 37 cent.; larg., 55 cent.

GUILLEMET

21 — *Marée basse.*

Signé à droite, en bas.

Toile. Haut., 39 cent.; larg., 55 cent.

HARPIGNIES

22 — *Chemin montant, le soir, à Saint-Priva.*

Signé vers la gauche, en bas, et daté : *67*.

Panneau. Haut., 21 cent. ; larg., 12 cent.

HUGUET

23 — *Cavaliers arabes à l'abreuvoir.*

Signé à droite, en bas.

Panneau. Haut., 38 cent.; larg., 46 cent.

JACQUE (Charles)

24 — *Intérieur de bergerie : brebis allaitant son agneau.*

Signé à gauche, en bas.

Panneau. Haut., 20 cent.; larg., 25 cent. 1/2.

LEBOURG

25 — *Bords de la Seine, le soir.*

Signé à droite, en bas.

Toile. Haut., 45 cent.; larg., 73 cent.

LELEUX

26 — *La Ferme. Effet de soleil couchant.*

Signé à gauche, en bas, du cachet de la vente : 27 *novembre 91.*

Toile. Haut., 24 cent.; larg., 33 cent.

LE MERLE

27 — *Banlieue.*

Signé à gauche, en bas, et daté : *1900.*

Toile. Haut., 33 cent. 1/2; larg., 24 cent.

LÉPINE

28 — *Pêcheurs à la ligne sur un pont.*

Signé à gauche, en bas.

Panneau. Haut., 16 cent.; larg., 24 cent.

MITA

29 — *Crépuscule.*

Signé à gauche, en bas.

Panneau. Haut., 32 cent.; larg., 41 cent.

MONTENARD (Frédéric)

30 — *Moutons sur le versant d'une colline.*

Signé à droite, en bas, et daté : *1880*.

Panneau. Haut., 33 cent; larg., 59 cent.

NOTERMAN

31 — *Singe donnant à manger à des chiens.*

Signé en bas, vers la gauche.

Toile. Haut., 48 cent.; larg., 60 cent.

OSBERT (Alphonse)

32 — *Harmonie virginale.*

A la lisière d'un bois, dans la silencieuse harmonie d'un crépuscule dont l'atmosphère laiteuse les enveloppe, plusieurs jeunes filles en tuniques blanches se tiennent debout ou couchées, sur la prairie où croissent des lis. Quelques-unes s'appuient à des fûts d'arbres élancés. Toutes ont l'attitude du recueillement et de la méditation.

Signé à droite, en bas.

Toile. Haut., 1 m. 34; larg., 2 m. 34.

PÉRAIRE (Paul)

33 — *Le Printemps.*

Signé à droite, en bas.

Toile. Haut., 39 cent.; larg., 60 cent.

PEZANT (Henri)

34 — *Troupeau à la mare. Forêt de Rambouillet.*

Signé à droite, en bas.

Toile. Haut., 38 cent.; larg., 55 cent.

REYNAULT

35 — *Souterrain.*

Signé à droite, en bas, et daté : *1865*.

Toile. Haut., 32 cent.; larg., 24 cent.

RIESENER

36 — *Léda.*

Signé à gauche, en bas.

Toile. Haut., 36 cent.; larg., 50 cent.

ROCHEGROSSE (Charles)

37 — *L'Astrologue.*

Signé à droite, en bas.

Panneau. Haut., 42 cent.; larg., 32 cent.

ROZIER (D.)

38 — *Huîtres, crevettes et citron.*

Signé à droite, en bas.

Toile. Haut., 63 cent.; larg., 79 cent.

ROYBET

39 — *La Rixe.*

Esquisse.

Initiales à droite, en bas.

Panneau. Haut., 16 cent.; larg., 15 cent.

ROYER

40 — *Ruisseau dans la prairie.*

Signé à droite, en bas.

Toile. Haut., 16 cent.; larg., 27 cent.

SARGENT (John-S.)

41 — *Tête de femme brune.*

Signé à droite, en haut.

Dédicace.

Toile. Haut., 51 cent.; larg., 41 cent.

TEN CATE

42 — *Rue de village.*

Signé à droite, en bas, et daté : *1902*.

Toile. Haut., 35 cent.; larg., 50 cent.

TENER (René)

43 — *Laveuses sur la rivière.*

Signé à gauche, en bas.

Toile. Haut., 26 cent.; larg., 39 cent.

THAULOW (Frits)

44 — *Le Bassin de Dieppe.*

C'est le soir. Quelques barques de pêche flottent sur l'eau verte du bassin profondément encaissé entre les murs de ses quais.

Au fond, dominant le port, une rangée de maisons, aux façades rouges et jaunâtres, dont quelques fenêtres s'éclairent, et derrière lesquelles la tour de l'église Saint-Jacques se dresse contre un ciel gris.

Signé à gauche, en bas.

Toile. Haut., 65 cent.; larg., 87 cent.

THAULOW (Frits)

45 — *Les Remparts de Montreuil-sur-Mer.*

1.400
Georges Bernheim

A gauche se dresse le vieux rempart, mi-partie brique rouge et pierre, se terminant par un bastion.

Au long du rempart, un talus broussailleux, sur lequel voltige une bande de corbeaux, descend vers un ruisseau dont l'eau grise, agitée par le vent, reflète un ciel nuageux. La rive droite est verdoyante avec quelques arbustes défeuillés. Au fond, une colline ferme l'horizon.

Signé à gauche, en bas.

Toile. Haut., 85 cent.; larg., 1 m. 20.

THAULOW (Frits)

46 — *Rivière.*

2.620
G. Bernheim

L'eau vive, dessinant ses méandres sous la lumière, occupe presque toute la largeur du tableau.

La rive est verdoyante à droite. A gauche, elle se pare, vers le fond, d'arbres fruitiers en fleurs. Quelques maisons aux toits rouges, une petite ferme au toit de chaume. Deux vaches viennent boire à la rivière.

Signé à droite, en bas.

Toile. Haut., 65 cent.; larg., 81 cent.

THORNLEY (William)

47 — *Rouen vu des hauteurs.*

Signé à droite, en bas.

Toile. Haut., 62 cent. ; larg., 81 cent.

TROUILLEBERT

48 — *Paysage du matin.*

Signé à gauche, en bas.

Toile. Haut., 22 cent. ; larg., 27 cent.

VAN BEERS (Jan)

49 — *L'Aveu.*

Sur un banc du parc, un jeune homme vêtu d'une chemise et d'un pantalon de toile blanche, serre dans ses bras une jeune fille en robe rose qui penche amoureusement la tête sur son épaule.

Signé à gauche, en bas.

Panneau. Haut., 1 m. 10 ; larg., 1 m. 20.

VAN THOREN

50 — *Retour des courses.*

Signé à droite, en bas.

Panneau. Haut., 31 cent.; larg., 49 cent.

VEYRASSAT

51 — *La Halte.*

Au bord de la rivière, devant une auberge, quatre forts chevaux de halage sont arrêtés ; deux sont de face, les deux autres montrent leur croupe. Ils sont tout harnachés. Leur conducteur, assis sur le couple de tête, cause avec l'aubergiste, appuyé contre le mur de sa maison, à gauche, et fumant une pipe.

Signé à droite, en bas, et daté : *1876.*

Toile. Haut., 60 cent. ; larg., 80 cent.

VEYRASSAT

52 — *Le Cheval de renfort.*

Sur un chemin de halage, bordé à droite par trois troncs de saules privés de leur feuillage, un homme, assis de dos, regarde vers le fond s'avancer l'attelage qui hale un chaland sur la rivière. A sa droite, au centre du tableau, un cheval blanc, tout harnaché, les reins et la tête ornés de pompons rouges, tourne la tête vers son conducteur.

Signé à droite, en bas.

Toile. Haut., 59 cent. ; larg., 45 cent.

VEYRASSAT

53 — *Monsieur le Recteur.*

Panneau, Haut., 20 cent. ; larg., 28 cent.

VUILLEFROY (DE)

54 — *Maquignons.*

Signé à droite, en bas.

Toile. Haut., 80 cent.; larg., 1 m. 15.

VUILLEFROY (DE)

55 — *Taureaux espagnols dans les lagunes de l'Estramadure.*

Signé à droite, en bas.

Toile. Haut., 46 cent ; larg., 55 cent.

VUILLEFROY (DE)

56 — *Cavaliers andalous.*

Signé à gauche, en bas.

Toile. Haut., 53 cent.; larg., 45 cent.

INCONNU

57 — *Tête de nègre.*

Toile. Haut., 55 cent.; larg., 44 cent.

INCONNU

58 — *Page lisant.*

Panneau. Haut., 16 cent.; larg., 12 cent.

INCONNU

59 — *Hussards.*

Toile. Haut., 38 cent.; larg., 45 cent.

INCONNU

60 — *Cavaliers au bord de la mer.*

Toile. Haut., 32 cent.; larg., 40 cent.

INCONNU

61 — *Mercure et Pâris.*

Toile. Haut., 79 cent., larg , 64 cent.

PASTELS

BARTHOLOMÉ (Léon)

62 — *Loup de mer.*

Signé à gauche, en bas.

Haut., 79 cent.; larg., 60 cent.

LEMAIRE (Madeleine)

63 — *Femme au miroir.*

Signé à droite, en bas.

Haut., 90 cent.; larg., 70 cent.

LHERMITTE

64 — *Laveuse, soleil couchant.*

Signé à droite, en bas.

Haut., 28 cent.; larg., 23 cent.

VUILLEFROY (De)

65 — *Retour des champs, le soir.*

Signé à droite, en bas.

Haut., 50 cent.; larg., 62 cent.

AQUARELLES

BARON

66 — *Jeune Italienne en veste rouge.*

Signé à droite, en bas.

Haut., 17 cent.; larg., 11 cent. 1/2.

BERCHÈRE

67 — *Étude d'Orient.*

Signé à droite, en bas.

Dédicace : *à Georges Beugniet.*

Haut., 20 cent.; larg., 12 cent.

DAUBIGNY

68 — *Lever de lune sur la rivière.*

Lavis à l'encre de Chine, rehaussé de quelques touches d'aquarelle.

Signé à droite, en bas.

Haut., 23 cent.; larg., 29 cent.

Vente Giacomelli.

DELACROIX (Eugène)

69 — *Rivière et collines.*

Monogramme à droite, en bas.

Haut., 19 cent.; larg., 28 cent.

Vente Delacroix.

DELACROIX (Eugène)

70 — *Vieux pont en ruines.*

Monogramme à gauche, en bas.

Haut., 20 cent.; larg., 30 cent.

Vente Delacroix.

DESHAYES (Eugène)

71 — *Étude de barques.*

Signé à droite, en bas.

Haut., 15 cent.; larg., 24 cent.

DESHAYES (Eugène)

72 — *Étude de barques.*

Signé à droite, en bas.

Haut., 15 cent.; larg., 25 cent.

HARPIGNIES

73 — *Vieilles tours.*

Encre de Chine.

Signé à gauche, en bas, et daté : *94.*

Haut., 7 cent.; larg., 10 cent.

HARPIGNIES

74 — *Ravin.*

Lavis à l'encre de Chine.

Signé à gauche, en bas, et daté : *77.*

Haut., 6 cent. 1/2 ; larg., 8 cent. 1/2.

HARPIGNIES

75 — *Ruelle de village.*

Lavis à l'encre de Chine.

Signé à droite, en bas, et daté : *94.*

Haut., 11 cent.; larg., 7 cent.

HARPIGNIES

76 — *Bord de l'eau.*

Lavis à l'encre de Chine.

Signé à gauche, en bas, et daté : *97.*

Haut., 10 cent. 1/2 ; larg., 7 cent.

HARPIGNIES

77 — *Étude de paysage et ciel.*

Lavis à l'encre de Chine.

Signé à gauche, en bas, et daté : *91.*

Haut., 10 cent. 1/2; larg., 15 cent.

HARPIGNIES

78 — *Soir à Menton.*

Lavis à l'encre de Chine.

Signé à droite, en bas, et daté : *1900.*

Haut., 14 cent. 1/2 ; larg., 10 cent. 1/2.

HARPIGNIES

79 — *Étude de paysage.*

Lavis à l'encre de Chine.

Signé à gauche, en bas, et daté : *96.*

Haut., 11 cent.; larg., 19 cent.

HARPIGNIES

80 — *Vue de château.*

Lavis à l'encre de Chine.

Signé à gauche, en bas.

Haut., 18 cent.; larg., 25 cent.

LEMAIRE (Madeleine)

81 — *Roses roses dans une jardinière bleue.*

Signé à droite, en bas.

Haut., 33 cent.; larg., 40 cent.

LOIR (Luigi)

82 — *Square Montholon (neige).*

Aquarelle gouachée.

Signé en bas, vers la droite.

Haut., 22 cent. 1/2; larg., 32 cent.

LOIR (Luigi)

83 — *Boulevard extérieur (neige).*

Gouache sur carton.

Signé à droite, en bas.

Haut., 43 cent.; larg., 59 cent.

ZIEM (Félix)

84 — *A l'embouchure du fleuve.*

Signé à gauche, en bas, et daté : *1847*.

Haut., 14 cent.; larg., 25.

Vente Mame.

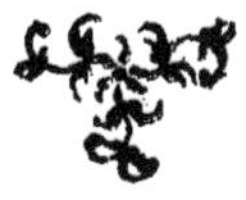

DESSINS

FRANÇAIS (Louis)

85 — *Bastide en Provence.*

Dessin à la mine de plomb.

Signé à droite des initiales : *L. F.*

Haut., 21 cent. 1/2 ; larg., 28 cent. 1/2.

HENNER

86 — *Magdeleine.*

Signé à droite, en bas.

Haut., 7 cent.; larg., 13 cent. 1/2.

ISABEY (Jean-Baptiste)

87 — *Le Révolutionnaire Maillard se rendant à Versailles, le soir du 5 octobre, à la tête des femmes de Paris.*

Dessin préparé pour une gravure.

Haut., 44 cent.; larg., 38 cent.

LHERMITTE

88 — *La Servante.*

Fusain.

Signé à droite, en bas.

Haut., 32 cent.; larg., 38 cent.

NEUVILLE (Alphonse de)

89 — *Franc-tireur.*

Signé à droite, en bas.

Haut., 22 cent.; larg., 17 cent.

DE PENNE

90 — *Griffons dans un paysage.*

Encre et sépia rehaussée de blanc.

Signé à droite, en bas.

Haut., 30 cent.; larg., 23 cent.

PILLE (Henri)

91 — *Trois dessins pour menus, à la plume et rehaussés d'aquarelle.*

Signés.

RAFFAELLI (Jean-François)

92 — *Le Déjeuner de chasse.*

Dessin à la plume.

Signé à droite, en bas, des initiales : *J.-F. R.*

Illustration pour : *Types de Paris.*

Haut., 24 cent.; larg., 30 cent.

ROLL

93 — *Étude de femme nue dansant.*

Sanguine.

Signé à dr., en bas.

Haut., 47 cent.; larg., 31 cent.

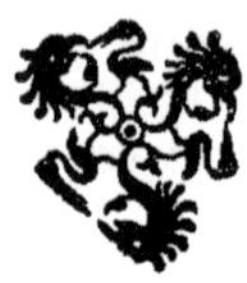

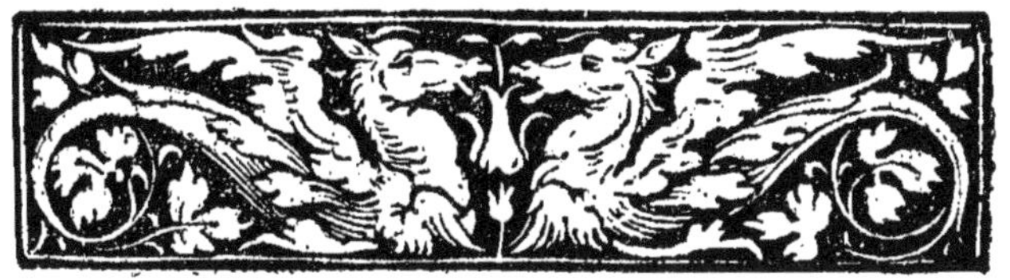

BRONZE

BARYE

94 — *Lion marchant.*

Bronze. Épreuve ancienne. Patine verte.

Signé à gauche.

Haut., 24 cent. ; larg., 39 cent.

www.ingramcontent.com/pod-product-compliance
Ingram Content Group UK Ltd.
Pitfield, Milton Keynes, MK11 3LW, UK
UKHW020521180726
13839UKWH00005B/2233